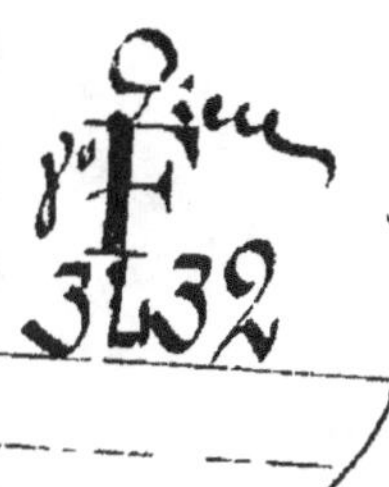 

TABLEAU

INDIQUANT LA COMPOSITION DU

TONNEAU D'AFFRÈTEMENT

(Décret du 25 Septembre 1864)

NOUVELLE ÉDITION

Mise à jour et conforme aux Usages des Places
de Paris, Marseille, Le Hâvre, Nantes,
Bordeaux, etc.

1 FR. 25 franco poste

BORDEAUX

L. ROBIN, LIBRAIRE-EDITEUR

22, RUE VITAL-CARLES, 22

1902

EXTRAIT DU CATALOGUE

ANALYSE CHIMIQUE et **COMPARÉE des VINS** du département de la Gironde, par J. Fauré, pharmacien, chevalier de la Légion-d'honneur, etc. Nouvelle édition. Bordeaux, 1860, in 8 br. 2,50

BONS VINS (Guide du consommateur de) ou essais sur les produits vinicoles du département de la Gironde, considérés au point de vue hygiénique et commercial, par *J. Ferrier*, médecin à Pauillac. Bordeaux, 1857, in-8 br. 1 fr.

10 vues de châteaux du Médoc.

ŒUVRES D'ART (Description des) qui décorent les édifices publics de la ville de Bordeaux, par *Charles Marionneau*. Bordeaux, 1861, in-8, [VIII, 550 pages] br. 8 fr.

Chaque description est suivie d'une bibliographie très complète.

PROPRIÉTAIRE de **VIGNE** (**Guide du**), par du Puits de Maconex. Bordeaux, 1850, in-8 br. 1 fr.

THÉATRES (Les) de **Bordeaux** suivis de quelques vues de réforme théâtrale par L. Lamothe. Bordeaux, 1853, in-8 br. 1 fr.

Portrait de Louis, architecte du grand théâtre.

VINS DU MÉDOC (**Traité sur les**) et les autres vins rouges et blancs du département de la Gironde, par *Wm. Franck*. 7e édition, augmentée d'un supplément et accompagnée d'un grand nombre [29] de vues de châteaux du Médoc et autres, d'une carte du département de la Gironde, de deux cartes donnant la classification des vins rouges et des vins blancs et de divers tableaux synoptiques. Bordeaux, 1871, in-8 br. 4 fr.

VIOGRAPHE BORDELAIS (Le), ou Revue historique des monuments de Bordeaux, tant anciens que modernes, et des rues, places et autres voies publiques de cette ville qui rappellent des évènements mémorables, singuliers et peu connus, relatifs à l'histoire, et aux traditions locales, avec figures, par *Bernardeau*. Bordeaux, 1845, in-8 br. 2,50

TABLEAU

INDIQUANT LA COMPOSITION DU

TONNEAU D'AFFRÈTEMENT

(Décret du 25 Septembre 1864)

NOUVELLE ÉDITION

Mise à jour et conforme aux Usages des Places

de Paris, Marseille, Le Hâvre, Nantes,

Bordeaux, etc.

BORDEAUX

L. ROBIN, LIBRAIRE-ÉDITEUR

22, Rue Vital-Carles, 22

1902

L'article 9 de la loi du 3 juillet 1861 sur le régime des douanes aux colonies françaises est ainsi conçu :

« La composition du tonneau d'affrètement sera » déterminée par un décret rendu dans la forme des » règlements d'administration publique. »

Le décret impérial du 25 août 1861 est accompagné du tableau reproduit ci-après. (Voir le *Bulletin des lois 1861.* nº 9,477, p. 408.)

La loi du 13 juin 1866 sur les usages commerciaux, porte, § 7 : « Le tonneau de mer s'entend du tonneau d'affrètement tel qu'il est réglé par les articles 3 et 6 de la loi du 3 juillet 1861. »

Le décret impérial du 25 septembre 1864 (*Bulletin des lois*, nº 1,247) s'exprime ainsi :

Art. 1er. Sont établies les règles suivantes pour l'application de notre décret susvisé du 25 août 1861 :

A. Le tonneau non spécifié doit s'entendre :

De mille kilogrammes bruts, s'il s'agit du tonneau au poids ;

De un mètre quarante-quatre décimètres, s'il s'agit du tonneau au cubage.

B. Le cube des futailles s'obtient en multipliant le diamètre par lui-même et par la longueur, sans aucune déduction.

C. Le tonneau d'affrètement des marchandises non dénommées au tarif est fixé d'après les conditions arrêtées entre le capitaine et l'expéditeur, dont il est justifié par la charte-partie, et, à défaut de charte-partie d'après les usages du port d'embarquement.

2. Sont ajoutées au tableau indiquant la composition du tonneau d'affrètement et annexé à notre décret du 25 août 1861, les marchandises ci-après énumérées :

Le gambier non pressé....................................	600 k.	ou au cubage
Ray-grass en balles	500	*idem.*
Coton d'Haïti { en balles carrées, pressées, cordées.	450	
en balles rondes, *idem.*	400	
en balles non pressées	300	
Huile de pétrole..	800	

Les corrections ci-dessus ont été portées sur le
Tableau ainsi que l'addition « *Sucre scié à la
mécanique en caisses* », visée par la circulaire du
Ministre du Commerce en date du 7 février 1900.

(L'Editeur).

TABLEAU

INDIQUANT LA

Composition du Tonneau d'affrètement

Réglé par la loi du 3 Juillet 1861

MARCHANDISES.	POIDS du tonneau de mer	OBSERVATIONS.
	KILOG.	
Abaca, chanvre de Manille	»	Voir Chanvre.
— cordages en glènes	»	Voir Cordages.
Absinthe en balles	200	
Acide borique	800	
— citrique, muriatique, nitrique, sulfurique	800	Ou au cubage.
Acier	1.000	
Agaric en balles	350	
Ail en grenier.	500	
— en paniers . . , ...	450	
— en fûts	400	
Albâtre brut	1.000	
— ouvré	»	Au cubage.
Alizari d'Avignon, en balles pressées, avec cercles de fer	500	
— d'Avignon, en balles rondes. . .	300	
— de Naples, en balles pressées, avec cercles de fer	800	
— de Chypre, en balles	400	
— autres sortes, en balles	500	
— autres sortes en fûts	400	
Aloès en fûts ou en caisses	800	
Alpiste.	»	Voir graine lon- [gue
Alquifoux (mine de plomb).	1.000	
Alun	1.000	

MARCHANDISES.	POIDS du tonneau de mer	OBSERVATIONS.
	KILOG.	
Amadou.	250	
Amandes cassées, en balles, quel que soit l'emballage.	800	
— cassées, en fûts	700	
— dures, en coques	600	
— tendres, en coques	550	
— demi-fines ou fines.	450	
Ambre brut en caisses.	600	
— en fûts	500	
Ambrette	750	
Amidon en poudre	1.000	
— en branche, en fûts.	700	
— en branche, en caisses.	800	
— en branche, en grain	750	
Ammoniaque	500	
Amurca (marc d'huile)	1.000	
Anchois, en fûts	800	
— en flacons, en caisses.	700	
Ancres	1.000	
Anis étoilés, en caisses ou en balles . . .	500	
— étoilés, en fûts.	400	
— verts, en balles	600	
— verts, en fûts	500	
Anisette	»	Voir Boissons.
Antimoine.	1.000	
Arachides en cosses, en grenier	500	
— en cosses, en sacs	450	
— écossées, en greniers	700	
— écossées, en sacs	650	
— écossées, en fûts.	600	
Ardoises	1.000	
Argent et argenterie	»	Vr Métaux pré-
Argent-vif.	1.000	[cieux
Argile	1.000	
Aristoloche	700	
Armes	1.000	Ou au cubage.
Arrow-root, en caisses	600	
— en fûts	500	

MARCHANDISES.	POIDS du tonneau de mer	OBSERVATIONS.
	KILOG.	
Arsenic.	1.000	
Asphalte.	1.000	
Aspic, en balles.	250	
Assa-fœtida.	700	
Avelanèdes, en balles	500	
— en fûts	400	
Avirons de 2 à 3 mêtres.	»	Nombre : 70.
— de 3 à 4 mètres	»	Nombre : 60.
— de 4 à 5 mêtres.	»	Nombre : 40.
— de 5 à 6 mètres	»	Nombre : 25.
— de 6 à 7 mêtres.	»	Nombre : 20.
— de 7 à 8 mêtres.	»	Nombre : 15.
Avoine. en grenier ou sacs.	700	
— en fûts.	600	
Azur.	1.000	
Bablah, en balles.	400	
Badiane.	»	Voir Anis étoilé
Baies de genièvre, en balles.	600	
— de laurier en balles.	500	
Balais non enmanchés	»	Nombre : 350.
— enmanchés	»	Nombre : 250.
Ballotages.	»	Au cubage.
Bambous	400	
Barbançons pleins ou vides, clissés ou non.	»	300 litres.
Barille, ou soude.	1.000	
Barriques Bordelaises.	»	Voir futailles en [bottes
Basane.	600	Ou au cubage.
Bassins de cuivre	750	
Bastin, non fabriqué, en balles pressées	500	
— filé, en paquets	350	
— cordé, en glènes.	»	Voir Cordages.
Baume de copahu, du Canada et du Pérou	750	
Benjoin	800	
Beurre, en pots.	800	
— en fûts	1.000	
— en flacons ou boîtes	»	Voir Caissages
Bière	»	Voir Boissons.

MARCHANDISES.	POIDS du tonneau de mer	OBSERVATIONS.
	KILOG.	
Bijouterie d'or et d'argent (1)	»	A la valeur.
Biscuits, en caisses	600	
— en fûts.	500	
Bismuth, ou étain de glace.	1 000	
Bitume	1.000	
Blanc de baleine (spermaceti)	1.000	
Blanc d'Espagne et de Meudon.	1.000	
— de zinc.	1.000	
Blé en grenier ou en sacs.	1 000	
— en fûts	900	
Bleu de Prusse, en caisses.	800	
— — en fûts.	700	
Bœuf salé.	1.000	
Bois d'acajou, de Cuba et de Santo-Domingo. . . . , ... , . . . , . .	1.000	
— de la république de Haïti, de Honduras, de la Côte Ferme et de l'Amérique centrale	800	
— de buis, cailcédra, caillatour, campêche, coupe d'Espagne, ébène, érable, espenille, gaïac, grenadille, tek, palissandre, jaune et autres bois durs de teinture et d'ébénisterie, en bûches régulières.	1.000	
— de campêche, Haïti, Lima, Pernambuco, Sassafras et Sainte-Marthe	800	
— de laurier-rose, sandal, sapan et violet	700	
— de cèdre, à crayons.	600	
— de cèdre, autre sortes.	800	
— de réglisse, en balles ou paquets	550	
— de brésillet, fustet et Nicaragua . .	500	
— de fustet, en sacs	400	
— de teinture moulu, en balles	500	
— de teinture moulu, en fûts	400	
— de construction, chêne, teck, etc.	»	Au stère.

(1) Pour la bijouterie fausse, voir Mercerie.

MARCHANDISES.	POIDS du tonneau de mer	OBSERVATIONS.
	KILOG.	
Bois à bâtir, poutres, poutrelles, soliveaux, etc.............	»	Au stère.
— à bâtir, planches sap........	»	Au cubage.
— à brûler, orme, etc.........	»	Au stère.
— de marqueterie, en lames......	»	Au cubage.
Boissellerie.................	»	Au cubage.
Boissons et autres liquides :		
En bordelaise................	»	4 barriques.
En gros et petits fûts..........	»	900 litres.
En gros et en petits fûts doubles....	»	550 litres.
En dames-Jeannes...........	»	450 litres.
En bouteilles, en caisses, en paniers et en futailles.................	»	324 bouteilles ou [au cubage.
Bombes, boulets et autres projectiles...	1,000	
Borax brut et raffiné...........	1,000	
Boucauts, en bottes............	»	Voir Futailles en [bottes.
Bouchons de liège, en balles.......	150	
— — en caisses......	»	Au cubage.
Bougie..................	700	Ou au cubage.
Bourre ou poils d'animaux, en balles non pressées..............	200	Ou au cubage.
— ou poils d'animaux, en balles pressées.............	400	Ou au cubage.
— de soie, en balles pressées....	400	Ou au cubage.
Bouteilles vides, en vrac, avec paille, d'un litre.............	»	700 bouteilles.
— — en vrac avec paille, autres au-dessous d'un litre..	»	900 bouteilles.
— — en vrac avec paille, demi-bouteilles.........	»	1,400 1/2 bout.
— — emballées.........	»	Au cubage.
Brai gras ou sec, en balles ou en fûts...	1 000	
Briques de toutes espèces.........	1,000	
Bronze..................	1,000	
Brosseries, en caisses ou paniers.....	»	Au cubage.
Brou (écorce de noix,) en sacs......	600	
Brun-rouge................	1,000	
Cabillaud..................	»	Voir Morue ver-[te.

MARCHANDISES.	POIDS du tonneau de mer	OBSERVATIONS.
	KILOG.	
Câbles et grelins blancs	500	
— — goudronnés	600	
Cacao, en sacs ou en balles	700	
— en fûts	600	
— en grenier	750	
Cachou	800	
Café, en sacs ou en balles	900	
— en fûts	800	
— en couffins	800	
Caissages	»	Au cubage.
Camphre brut, en caisses	600	
— — en fûts	500	
Camphre raffiné, en caisses	800	
— — en fûts	700	
Canéfices ou casses, en balles, sacs ou caisses	450	
— — en fûts	350	
Canelle, en caisses	350	
— en ballots ou paquets	300	
Canons et caronades	1.000	
Cantharides, en balles ou caisses	400	
— en fûts	350	
Caoutchouc (gomme élastique), en balles ou caisses	450	
— — en fûts	350	
— — en planches	700	
— — ouvré	»	Au cubage.
Câpres, en barils	900	
— en flacons ou caisses	600	
Cardamome	400	
Caret (écaille de tortue), en caisses	500	
— — en fûts	400	
Carreaux de marbre, de terre cuite et de pierre	1.000	
Cartes à jouer	800	
Carton	700	
Casaques, en balles, caisses ou fûts	»	Au cubage.
Cascarille	500	

MARCHANDISES.	POIDS du tonneau de mer	OBSERVATIONS.
	KILOG.	
Cassave (farine de manioc).........	700	
Cauris...................	1.000	
Cendres ou charrée	1.000	
Cercles.............	»	Tarif condition- [nel.
Céruse.............	1.000	
Cévadille	800	
Chaines	1.000	
Chaises................	»	Tarif condition[1] Ou au cubage.
Chandelles, en caisses	700	
Chanvre, en grenier	400	
— en balles pressées.........	500	
— de Calcuta (jute), et chanvre de Manille en balles pressés et cordées	600	
— en balles non pressées	»	Au cubage.
Chapeaux.................	»	Au cubage.
Charbon de bois	600	
— de terre, en grenier	1.000	
— de terre, en fûts.........	900	
— de terre, en briquettes en vrac.	1.000	
Chardons.................	»	Au cubage.
Châtaignes (marrons), en grenier. ...	900	
— — en sacs	800	
— — en fûts......	700	
Chaudières à sucre.............	900	
— pour machines à vapeur...	1.000	
Chaudrons	750	
Chaux.................	1.000	
Chènevis................	»	Vr Graines de [chanvre.
Chicorée moulue.............	700	
Chiendent, en balles..........	250	
Chiffons, en balles...........	500	
Chiques (marbres à jouer)	1.000	
Chocolat................	900	
Choucroute	800	
Chromate...............	1.000	
Cidre	»	Voir Boissons.
Cierges.................	800	

MARCHANDISES.	POIDS du tonneau de mer	OBSERVATIONS.
	KILOG.	
Cigares	»	Au cubage.
Ciment	1.000	
Cinabre	1 000	
Cirage liquide, en bouteilles de grès ou fûts	600	
— — en boite ou caisses . . .	1.000	
Cire brute, en caisses, balles ou pains . .	900	
— — en fûts	800	
Citrons, en caisses	»	Au cubage.
Clous de cuivre, de fer ou de zinc. . .	1 000	
— de girofle	»	Voir Girofle.
Coaltar	1.000	
Cochenille, en caisses ou en surons de cuir	600	
— en surons de latanier. . . .	500	
— en fûts	400	
Cocos à tourner et autres grains durs à tailler, en grenier	1.000	
— à tourner et autres grains durs à tailler, en balles	900	
— à tourner et autres grains durs à tailler, en fûts.	800	
— frais.	400	
Coke, en grenier	500	
— en fûts.	400	
Colle de poisson, en balles.	600	
— de poisson, en fûts.	500	
— forte, en balles.	600	
— forte, en fûts.	500	
Coloquinte.	200	
Confitures en caisses	»	Au cubage.
Conserves alimentaires	1.000	Ou au cubage.
Coprahs (amandes de coco), en grenier.	650	
— en robins ou sacs.	600	
Coques de cacao, en balles	300	
— du Levant, en balles	600	
Coquillages	»	Au cubage.
Corail de jardin	400	
Cordages blancs	700	

MARCHANDISES.	POIDS du tonneau de mer	OBSERVATIONS.
	KILOG.	
Cordages goudronnés.	800	
— d'Alger, sparte, jute, abacat. pite, bastin	500	
— vieux, en grenier	800	
Coriandre en balles	400	
Cornes de bœuf et buffle, en grenier . .	800	
— de bœuf et buffle, en balles. . .	500	
— de bœuf et buffle, en fûts. . . .	400	
— de cerf entières.	300	
— de cerf chapées	350	
— de mouton, en grenier	500	
— de mouton, en balles	450	
— de mouton, en fûts.	400	
Côte de tabac	»	Voir Tabac.
Coton, en balles carrées pressées et cordées	500	
— en balles rondes, pressées et cordées	400	
— en balles rondes, non pressées. .	300	
— de l'Inde, en balles carrées, pressées et cordées.	600	
— des mers du Sud, Porto-Rico, Cuba, Côte-Ferme, en balles carrées, pressées, cordées ou cerclées . .	450	
— du Brésil, en balles.	450	
— de Cayenne, de la Martinique et de la Guadeloupe, en balles, en ronde et non pressé.	300	
— de Haïti, en balles carrées pressées	450	
— — filé, en balles rondes pressées	400	
— — filé, en balles non pressées	300	
Couperose	1.000	
Couffes, couffins et cabas	»	Tarif conditionnel
Craie	1.000	
Crayons, garnis de bois, en caisses. .	500	Ou au cubage.
— garnis de bois, en fûts . . .	400	Ou au cubage.
Crème de tartre	1.000	
Creusets. . . . . , ...	500	

MARCHANDISES.	POIDS du tonneau de mer	OBSERVATIONS.
	KILOG.	
Crins de Russie ou de toute autre provenance, tordus ou tressés, en balles.	500	Ou au cubage.
— de Russie, non tordus ni tressés, en balles.	400	Ou au cubage.
— de Russie, de la Plata et d'ailleurs, en balles pressées.	700	Ou au cubage.
Cubèbe, en balles	500	
— en fûts	400	
Cuirs de Buénos-Ayres et autres de 12 kilog. et au-dessus.	800	
— de la Côte-Ferme et autres, de 8 à 12 kilog. exclusivement . . .	600	
— au-dessous de 8 kilog.	500	
— tannés, en rouleaux	700	
— verts ou salés, en paquets.	1 000	
— corroyés, en balles, cais. ou malles.	600	
Cuivre.	1.000	
— vieux, en paquet ou en vrac. . .	1.000	
— vieux, en fûts ou en caisses . . .	900	
Cumin de Malte	750	
Curcuma, en balles.	750	
— en fûts.	650	
Cylindres (ou tubes, etc.) en cuivre fonte, fer, etc	1.000	Ou au cubage.
Dames-jeannes vides	»	500 litres.
Dattes, en couffes ou caisses	700	
— en fûts	600	
Dégras de peau.	1.000	
Demittes (toiles de coton)	750	Ou au cubage.
Dents d'éléphant ou d'hippopotame, en grenier	1.000	
— en balles ou caisses	800	
— en fûts	700	
Derle	1.000	.
Dividi, en graines, en grenier et en sacs . .	500	
— moulu, en sacs	800	
— moulu, en fûts.	700	

MARCHANDISES.	POIDS du tonneau de mer	OBSERVATIONS.
	KILOG.	
Douvelles.	800	
Drap de laine, en balles ou en caisses. .	500	Ou au cubage.
Drilles.	»	Voir Chiffons.
Eau de Cologne et eau de senteur, en caisses.	»	Au cubage.
Eau de fleur d'oranger, en caisses	»	Au cubage.
Eau-de-vie.	»	Voir Boissons.
Eau forte.	»	V^r acide nitriqu^e
Eau minérale	»	Voir Boissons.
Ecaille de tortue	»	Voir Caret.
Echalas.	800	
Ecorce à tan, non moulues, en grenier, ou en paquets	500	
— à tan, moulues, en sacs.	600	
— de grenade, d'orange et de citron, en balles.	500	
— de grenade, d'orange et de citron, en fûts.	400	
Edredon . . . . , ...	»	Au cubage.
Effets à usage.	»	Au cubage.
Ellébore (Racine d').	500	
Emeri.	1.000	
Encens ou oliban, en balles ou caisses. .	900	
— — en fûts	800	
Enclumes.	1.000	
Encre à écrire, en bouteilles de grès, en futaillées.	600	
Engrais, en fûts.	900	
— en grenier ou sacs.	1.000	
Epingles.	1.000	
Eponges brutes, en balles.	300	
— lavées, en balles.	200	
— en paniers..	»	Au cubage.
Esprit-de-vin . . . . , ...	»	Voir Boissons.
Essence de parfumerie, en estagnons ou caisses.	»	Au cubage.
— de térébenthine, en touques. . .	800	
— de térébenthine, en fûts.	1.000	

MARCHANDISES.	POIDS du tonneau de mer	OBSERVATIONS.
	KILOG.	
Essence de térébenthine, en bonbonnes.	»	Au cubage.
Essieux en fer	1.000	
Etain	1.000	
Etaux	1.000	
Etoffes	»	Au cubage.
Etoupes de cordages, blanches ou goudronnées, en paquets	400	
— de cordages, blanches ou goudronnées, en balles pressées	500	
Euphorbe	800	
Extrait de sumac liquide	»	Voir Boissons.
Faïence, en grenier	»	Tarif condit^{nel}.
— en harasses ou caisses	»	Au cubage.
Faîtières, en terre	1.000	
Fanons de baleine	800	
Farine en sacs	1.000	
— en barils	800	Soit 8 barils.
Faux et faucilles	1.000	
Fauteuils	»	Tarif condit^{nel}.
Féces d'huile	1.000	
Fécule de pommes de terre, en balles	900	
— de pommes de terre, en fûts	800	
Fenouil	700	
Fer en massiaux, en barres et non ouvré	1.000	
Fer-blanc, en feuilles et en caisses	1.000	
Ferraille	1.000	
Ferrements	1.000	Ou au cubage.
Feuillards de bois, en paquets	»	Au cubage.
— de fer	1.000	
Feuilles de laurier, en balles	250	
Feutre à doublage, goudronné	600	
— à doublage, non goudronné	500	
Fèves, en grenier	900	
— en fûts ou en sacs	800	
Féverolles	»	Voir Fèves.
Ficelles, en paquets ou en fûts	600	
Figues	900	
Fil de chanvre et de lin, en balles	600	

MARCHANDISES.	POIDS du tonneau de mer	OBSERVATIONS.
	KILOG.	
Fil de chèvre, en balles.	500	
— de fer et de laiton.	1.000	
Filasse, en balles.	400	
Filets de pêche.	400	
Fleur de cannelle, en caisses ou balles.	700	
— — en fûts	600	
Fleur de lavande, tilleul et tamarin, en caisses ou balles.	400	
— de lavande, tilleul et tamarin, en fûts.	350	
— de soufre, en balles.	900	
— de soufre, en fûts.	800	
Fleurs artificielles.	»	Au cubage.
Foin, en balles pressées.	400	Ou au cubage.
Follicules de séné, en balles pressées.	500	
Fonte brute.	1.000	
— ouvrée	1.000	Ou au cubage.
Formes à sucre, en terre cuite.	700	
Frisons de soie (*silk chassum*).	600	
Fromage de Hollande, en grenier.	800	
— de Hollande, en caisse ou en fûts.	700	Ou au cubage.
— de Gruyère, en cuveaux d'un fromage.	700	Ou au cubage.
— de Gruyère, en fûts.	800	Ou au cubage.
— autres sortes.	»	Au cubage.
Froment.	»	Voir Blé.
Fruits confits	700	Ou au cubage.
Fusils de traite, en caisses.	900	
Futailles, en bottes.	800	
— vides.	»	900 litres.
Galanga, en balles.	500	
— en fûts.	450	
Galbanum.	800	
Galipot	1.000	
Galle (Noix de) lourdes, du Levant, en balles	1.000	
— (N. de) lourdes, du Levant, en fûts.	800	

MARCHANDISES.	POIDS du tonneau de mer	OBSERVATIONS.
	KILOG.	
Galle (Noix de) légères, de Provence, en balles	400	
— (Noix de) légères de Provence, en fûts	350	
— (Noix de) d'Istrie, en balles . . .	900	
— (Noix de) d'Istrie, en fûts.	700	
Gambier de l'Inde, pressé.	1.000	
Gambier non pressé	600	Ou au cubage.
Ganterie	»	Au cubage.
Garance moulue, en fûts.	800	
— sèche (Alizari), en balles. . . .	»	Voir Alizari.
Garancine, en fûts.	600	
Gaude	200	
Gélatine en boîtes, en caisses	800	
Genièvre	»	Voir Boissons.
Gentiane, en balles	500	
`— en fûts.	450	
Gingembre, en balles	800	
— en fûts.	700	
Ginseng, en balles.	700	
— en fûts.	600	
Girofles (Clous de), en balles.	500	
— (Clous de), en fûts. , ...	400	
— (Griffes de), en balles.	400	
— (Griffes de), en fûts.	350	
Gomme ammoniaque, en caisses.	800	
— d'Arabie, Sénégal, en balles. .	1.000	
— d'Arabie, Sénégal, en caisses . .	900	
— d'Arabie, Sénégal, en fûts. . . .	800	
— copale. en balles.	800	
— copale, en caisses	800	
— copale, en fûts.	700	
— élastique	»	Voir caoutchouc
— gutte.	1.000	
— laque, en balles ou caisses . . .	700	
— laque, sur bâtons, en sacs . . .	650	
— laque, sur bâtons en fûts. : . .	600	
— de sandaraque, en fûts.	800	
Goudron	1.000	

MARCHANDISES.	POIDS du tonneau de mer	OBSERVATIONS.
	KILOG.	
Grabeau de séné et de cochenille.....	500	Voir Blé, Orge, [Seigle, Maïs, etc.
Grains.	»	
Graines de chanvre (chénevis), en balles ou caisses.	700	
— de chanvre (chénevis), en fûts. .	600	
— de colza, en grenier.	900	
— de colza, en sacs.	800	
— de colza, en fûts	700	
— de coton, nettes, en grenier. . .	850	
— de coton, nettes, en sacs.	800	
— de coton, nettes, en fûts.	700	
— de coton, non dépouillées, en grenier	750	
— de coton, non dépouillées, eu sacs.	700	
— de coton, non dépouillées, en fûts.	600	
— de genièvre, en sacs, balles ou caisses.	600	
— de genièvre, en fûts	500	
— de jardin, en balles ou caisses.	700	Ces deux chiffres ne sont qu'approximatifs. L'article se règle aussi au cubage ou au tarif contionnel.
— de jardin, en fûts	600	
— jaunes, en balles ou caisses . .	800	
— jaunes, en fûts.	700	
— de lin, en grenier ou sacs . . .	900	
— de lin, en balles ou caisses. . .	800	
— de lin, en fûts.	700	
— longues (escayolles), en balles et sacs.	1.000	
— longues (escayolles), en fûts. . .	800	
— de luzerne, en grenier.	1.000	
— de luzerne, en sacs ou caisses. .	900	
— de luzerne, en fûts.	800	
— de moutarde, en grenier	800	
— de moutarde, en balles ou caisses	700	
— de moutarde, en fûts.	600	

MARCHANDISES.	POIDS du tonneau de mer	OBSERVATIONS.
	KILOG.	
Graines de navette, en grenier	900	
— de navette, en sacs	800	
— de navette, en fûts	700	
— d'œillette et de pavot, en grenier ou sacs	800	
— d'œillette et de pavot, en fûts . .	700	
— de pastel, en balles, caisses ou fûts.	450	Chiffre moyen approximatif. Cet article se règle habituellement au cubage ou au tarif conditionnel.
— de pourpier	»	Voir Graines de [jardin
— de psilium, en balles ou caisses.	900	
— de psilium, en fûts	800	
— de ravison, en grenier ou sacs .	1.000	
— de ravison, en fûts	800	
— de sésame, en grenier	900	
— de sésame, en sacs	850	
— de sésame, en fûts	750	
— de trèfles, en grenier	1.000	
— de trèfle, en sacs ou caisses . .	900	
— de trèfle, en fûts	800	
— non dénommées	700	Chiffre approximatif Cet article se règle habituellement au tarif conditionnel.
Grainettes (fruits du lycium), ...	700	
Grains de verre ou rassade	1.000	
Graisse, en caisses	900	
— en boîtes de fer-blanc ou caisses	900	
— en fûts	800	
— en pots	700	
Grapins	800	
Griffes de girofle	»	Voir Girofle.
Grilles de raffinerie et autres, en fer, fonte, etc.	1.000	
Groisil (verre cassé)	1.000	

MARCHANDISES.	POIDS du tonneau de mer	OBSERVATIONS.
	KILOG.	
Gruau.	700	
Guano du Chili et du Pérou	1.000	
— de Patagonie	800	
— d'autres provenances.	900	
Guède.	»	Voir Pastel na- [turel
Gueuses en fonte	1.000	
Guinées de l'Inde, en balles pressées.	700	Chiffre approxi- matif. Cet arti- c!e se regle ha- bituellementau cubage.
Gutta-percha	»	Traité comme caoutchouc.
Harasses de faience, poterie, verrerie	»	Au cubage.
Harengs salés, en barils	1.000	
— saurs, en feuillettes.	400	
Haricots secs	»	Vr légumes secs
Herbes sèches et de capillaire.	250	
Houblon, en balles.	300	
Houille.	»	Vr Charbon de [terre.
Huiles de poisson, de pied de bœuf et de suif.	1.000	
— de palme et de coco, en fûts	900	
— de vitriol ou acide sulfurique.	»	Voir Acides.
— autres de toute espèce (olive, grai- nes, palma-christi, aspic, etc.).	»	Voir Boissons.
Indigo, en caisses.	700	Ou au cubage.
— en fûts ou surons	500	
Ipécacuana, en balles ou caisses.	500	
— en fûts	400	
Iris, en balles ou caisses.	700	
— en fûts.	600	
Itztle	600	
Ivoire	»	Vr dents d'élé- [phant.
— végétal	»	Vr noix de coro-
Jalap, en caisses, fûts ou surons	800	Ou au cubage [zo
Jambons, en grenier.	900	
— en caisses.	800	
— en fûts.	750	

MARCHANDISES.	POIDS du tonneau de mer	OBSERVATIONS.
	KILOG.	
Jarres..........................	»	900 litres.
Jarrosses, en grenier ou sacs..........	1.000	
— en fûts	900	
Jaune de chrôme, en caisses ou en fûts.	1.000	
— de Naples, en caisses ou en fûts..	1.000	
Joncs et roseaux	400	
Jujubes, en balles ou caisses.........	500	
Jus de citron, en fûts............	900	
— en bouteilles........	»	Comme boiss^ons
Jus de réglisse, en caisses	800	
Jute..........................	»	Voir Chanvre.
Kermès, en caisses	600	
— en fûts.................	500	
Lac-dye.......................	900	
Laine filée, en balles	300	
— surge (en suint), en balles pressées et cerclées de fer.........	500	
— surge (en suint), en balles pressées et non cerclées..........	400	
— surge (en suint), en balles non pressées.................	»	Au cubage.
— lavée, en balles	250	
Langues de bœuf fumées	500	
— de morue.................	1.000	
Laque plate....................	»	Comme Gomme [laque
Lard, en planches, en caisses.......	800	
— en saumure	»	Voir Porc salé.
Latanier ou feuilles de palmier, en paquets ou en vrac.............	300	
Lattes........................	»	Tarif condition[1]
Laudanum	1.000	
Laurier pour cannes.............	500	
Légumes confits ou marinés, en barils..	750	
— confits ou marinés, en caisses.	»	Au cubage.
— secs, en grenier	1.000	
— secs, en sacs	900	
— secs, en fûts............	800	
Lentilles	»	Voir légumes [secs

MARCHANDISES.	POIDS du tonneau de mer	OBSERVATIONS.
	KILOG.	
Librairie, en caisses	»	Au cubage.
Lichen	400	
Lie d'huile ou de vin, liquide ou sèche.	1.000	
Liège, en balles	200	
— en planches	250	
Limes	1.000	
Lin, en balles pressées	500	
Liqueurs	»	Voir Boissons
Litharge	1.000	
Lycopodium (ou lycophodium)	1.000	
Macaroni, en caisses	400	
— en corbeilles	300	
Machines	1.000	Ou au cubage ou tarif condi-tionnel.
Macis	400	
Magnésie (Carbonate de)	250	
Maïs, en grenier	950	
— en sacs	900	
— en fûts	800	
Manganèse	1.000	
Maniguettes (Graine de Paradis)	500	
Manioc (farine de)	»	Voir Cassave.
Manne, en caisses et fûts	800	
— pour curaçao	500	
Maquereau salé	»	Vr Poisson salé.
Marbre brut et ouvré	1.000	Ou au cubage.
Marbres à jouer	»	Voir Chiques.
Marc d'huile	1.000	
Marmites de fonte	500	
Maroquin	»	Au cubage.
Marrons	»	Vr Châtaignes.
Mastic, en larmes	1.000	
Mâture	»	Tarif condition[l]
Médicaments composés	»	Au cubage.
Mélasse	1.000	
Mercerie	»	Au cubage, com-me caissages et ballottages.

MARCHANDISES.	POIDS du tonneau de mer	OBSERVATIONS.
	KILOG.	
Mercure	1.000	
Merrains	»	Voir Douvelles.
Métaux précieux	»	A la valeur.
Meubles	»	Au cubage.
Meules à aiguiser	1.000	
— autres	1.000	Ou tarif condi-
Miel	800	[tionnel
Mil (Graine de)	»	Voir Graines.
Mine de plomb	1.000	
Minerai	1.000	
Minium	1.000	
Mitraille	1.000	
Modes	»	Au cubage.
Momie (Cire noire)	800	
Morfil	.	Vr dents d'élé-
Morue verte	1.000	phant.
— sèche	800	
Mouches cantharides	»	Voir Canthari-
Mousse, en balles pressées	400	[des.
Moutarde en poudre, en caisses	800	
— en pots, en caisses	800	
Musc	500	
Muscade	500	
Myrrhe	.	Voir Encens.
Nacre, en grenier	900	
— en caisses	800	
— en fûts	700	
Nankin	500	Ou au cubage.
Natron (Sel)	1.000	
Nattes	»	Au cubage.
Nerprun ou nerprum	600	
Noir de fumée, en balles	500	
— d'ivoire ou d'os de raffinerie ou ani-mal, en grenier	1.000	
— d'ivoire ou d'os de raffinerie, ou animal, en fûts	900	
— résidu de raffinerie, en grenier . . .	1.000	
— résidu de raffinerie, en boucauts . .	900	

MARCHANDISES.	POIDS du tonneau de mer	OBSERVATIONS.
	KILOG.	
Noix et noisettes, en grenier	700	
— — en balles	600	
— — en futs	500	
Noix de corozo, en grenier	1.000	
— — en balles.	900	
— — en fûts.	800	
— de galle.	»	Voir Galle.
— muscades.	»	Voir Muscades.
— vomiques, en balles	700	
Noves de morues.	1.000	
Noyaux cassés, en balles	700	
— — en fûts	600	
Ocre.	1.000	
Œufs, en caisses ou paniers.	»	Au cubage.
Oignons de toute sorte, en greniers . . .	800	
— de toute sorte, en caisses, paniers.	700	
— de toute sorte, en fûts	600	
— de fleurs	»	Au cubage,
Oing	»	Voir Graisse.
Oliban ou encens.	»	Voir Encens.
Olives, en barriques	800	
— en barils, emballées.	700	
— en flacon, en caisses.	700	Ou au cubage.
Onglons, en grenier	600	
— en sacs . . . . , . .	500	
— en fûts	400	
Opium	1.000	
Or.	»	Vr Métaux préc.
Oranges	»	Au cubage.
Orangettes, en balles	800	
— en fûts.	700	
Organette, en balles . . . . . . , . .	700	
— en fûts . . . . :	600	
Oreillons et rognures de peau	500	
Orge, en grenier ou sacs.	800	
— en fûts.	700	
— mondé ou perlé	1.000	
Orpiment ou orpin.	1.000	

MARCHANDISES.	POIDS du tonneau de mer	OBSERVATIONS.
	KILOG.	
Orseille naturelle ou lichen.	400	
— naturelle ou lichen, en balles pressées.	500	
— préparée ou en pâte.	1.000	
Orties de Chine	350	
Os ordinaires, en grenier	600	
— pour tabletterie, en grenier	900	
— — en fûts ou sacs . . .	800	
Osier brut.	350	
— blanc.	250	
Paille, en bottes	»	Tarif condition[l]
— en balles pressées	350	Ou au cubage.
Paniers	»	Tarif condition[l]
Papier à écrire, à impression, à enveloppes	800	
— brouillard gris et roux	700	
— à doublage de navire.	600	
— de Chine de soie.	500	
Parchemin	700	
Parfumerie.	»	Au cubage.
Pastel en pâte, en futailles	700	
— naturel, en balles	150	
Pavés en terre cuite	1.000	
— en grès. . . , ...	1.000	
Peaux de bœuf, buffle, cheval, vache, et peaux vertes	»	Voir Cuirs.
— diverses, en balles.	»	Au cubage.
Peinture préparée	1.000	
Pelleteries fines, en balles.	500	
— fines, en fûts	400	
Pelure de cacao.	»	V[r] Coques de [Cacao.
Perlasse	1.000	
Pétrole.	800	
Phormium tenax	»	Voir Chanvre.
Pierres à feu	1.000	
— brutes, de taille et de marbre . .	1.000	Ou tarif condit[l]
— meulières.	1.000	Ou tarif condit[l]
— ponce, en balles ou caisses . . .	500	
— ponce, en fûts.	400	
Pignons, en balles	800	

MARCHANDISES.	POIDS du tonneau de mer	OBSERVATIONS.
	KILOG.	
Pignons, en fûts...............	700	
Piment, en balles ou caisses........	500	
— en fûts...............	400	
Pipes à fumer, de terre..........	500	Ou au cubage.
— à fumer, du Levant.........	700	Ou au cubage.
Pistaches, en balles, ou couffes......	500	
— en fûts............	400	
Pites, en balles pressées..........	500	
Planches de sapin.............	»	Vr Bois à bâtir.
Plâtre...................	1.000	
Plomb..................	1.000	
Plombagine...............	1.000	
Plumes d'oie, à écrire..........	200	
— à lit, de parure et autres....	»	Au cubage.
Poêles à frire et autres articles de chaudronnerie analogues...........	750	
Poil d'animaux..............	»	Voir Bourre.
Poires sèches, en balles..........	500	
— — en fûts...........	450	
— tapées, en paniers emballés....	»	Au cubage.
— vertes, en grenier.........	900	
— — en fûts...........	800	
Pois...................	»	Vr Légumes secs
Pois chiches...............	»	Vr Légumes secs
Poisson salé...............	1.000	
Poivre, en grenier...........	800	
— en balles ou sacs.........	700	
— en fûts.............	600	
— en robins...........	650	
Poix...................	1.000	
Pommes de terre, en grenier.......	1.000	
— — en balles, en paniers ou sacs.......	900	
— — en fûts.........	800	
Pommes sèches, en balles.........	500	
— — en fûts.........	450	
— — en paniers........	»	Au cubage.
— vertes, en grenier ou sacs...	800	

MARCHANDISES.	POIDS du tonneau de mer	OBSERVATIONS.
	KILOG.	
Pommes vertes, en fûts.	700	
Porc salé, en fûts.	1.000	
Porcelaine.	»	Au cubage.
Potasse.	1.000	
Poterie, en harasses.	»	Au cubage.
— en grenier.	»	Tarif condition[l]
Potiches.	»	Tarif condition[l]
Potins.	1.000	
Pots de raffinerie.	»	Tarif condition[l]
Poudre à canon, en barils simples	700	
— en barils doubles.	600	
Poudre de marbre.	1.000	
Poudrette sèche.	1.000	
Poutres et poutrelles	»	V[r] Bois à Bâtir.
Pozzolane (Pouzzolane).	1.000	
Prunes sèches, en caisses.	1.000	
— — en barils.	900	
— — en paniers.	700	
Quercitron en écorce, en fûts.	500	
— — en poudres	600	
— en sacs.	500	
Queues de girofle.	»	Voir Girofle.
Quincaillerie.	1.000	Ou au cubage.
Quinquina, en balles ou caisses.	500	
— en fûts ou surons.	400	
Racines d'alizari.	»	Voir Alizari.
— de gentiane.	»	Voir Gentiane.
— de réglisse.	»	V[r] Bois de ré-[glisse.
Raisins de Corinthe, Zante et Lipari, en barils ou caisses.	900	
— secs, autres.	750	
Rassades.	»	V[r] Grain[s] de verre
Ray-grass en balles.	500	Ou au cubage
Ratafia.	»	Voir Boissons.
Redoul, en feuilles, en balles.	300	
Résine.	1.000	
Rhubarbe, en balles ou caisses.	600	
— en fûts.	500	
Rhum et tafia.	»	Voir Boissons.

MARCHANDISES.	POIDS du tonneau de mer	OBSERVATIONS.
	KILOG.	
Riz avec ou sans pellicule, en grenier ou sacs	1.000	
Riz, en fûts	900	
— en paille, en grenier	800	
— en paille, en sacs	700	
— en paille, en fûts	600	
Rocou	900	Ou 4 barriques [bordelaises.
Rognures de papier	»	Au cubage.
— de peaux	»	Comme Oreillons
Rogues de morue	1.000	
Roseaux	»	Voir Joncs.
Rotins	»	Voir Joncs.
Sable	1.000	
Sabots	»	Au cubage
Sacs de toile vides	»	Au cubage.
Safran	400	
Safranum, en balles pressées	600	
— en balles non pressées	400	
Sagou, en balles ou caisses	700	
— en fûts	600	
Saindoux	»	Voir Graisse.
Salep	1.000	
Salpêtre	1.000	
Salsepareille	400	
Sandaraque	»	Voir Gomme.
Sang-de-dragon, en masses, en caisses	800	
— en fûts	700	
— en roseaux, en surons	250	
Sanguine	1.000	
Sardines confites, en boîtes, en caisses	1.000	
— pressées, en barils	900	
Sarrazin, en grenier	850	
— en sacs	800	
Saumon confit, en boîtes, en caisses	1.000	
— confit, en fûts	900	
Savon	1.000	
Scammonée	500	
Scille	»	Voir Oignons.

MARCHANDISES.	POIDS du tonneau de mer	OBSERVATIONS.
	KILOG.	
Sébadille	»	V^r Cévadille.
Sébeste (*cordia officinalis*), petite prune d'Egypte.	700	
Seigle, en grenier.	850	
— en sacs.	800	
Sel	1.000	
Sellerie.	»	Au cubage.
Semen contra.	700	
Semoule, en sacs.	900	
— en fûts.	700	
Séné, en feuilles, en balles ou fardes. .	400	
Serpentaire de Virginie	400	
Simarouba	400	
Sirops, en caisses.	»	Au cubage.
Sirop ou mélasse.	»	Voir Mélasse.
Soie écrue ou grège, en balles. . . .	400	
Soies de porc, en balles pressées. . . .	500	
— de porc, en balles non pressées. .	300	
— de porc en caisses.	800	
— de porc, en fûts.	700	
Soierie.	»	Au cubage.
Solives ou soliveaux de chêne ou sapin.	»	V^r bois à bâtir.
Son	300	
Soude	1.000	
Soufre brut ou en canons, en grenier. .	1.000	
— brut, en caisses ou en fûts. . .	900	
— (Fleur de).	»	V^r fleur de souf^{re}
Souliers	»	Au cubage.
Sparterie	»	Au cubage.
Spermaceti	»	V^r Blanc de balei-
Spiritueux.	»	V^r Boissons. [ne
Squine	500	
Stockfish, en grenier ou balles.	600	
Storax liquide	800	
— en paniers.	600	
Suc de réglisse	»	V^r Jus de ré-
Sucre brut et terré.	1.000	[glisse.
— raffiné, en pains, en vrac. . . .	900	

MARCHANDISES.	POIDS du tonneau de mer	OBSERVATIONS.
	KILOG.	
Sucre raffiné, en pains, en fûts, ou en caisses	700	
— scié à la mécanique en caisses. .	1.000	
— raffiné, pilé.	1.000	
— candi, en caisses.	900	
— candi, en fûts.	800	
Suif fondu, en caisses ou en fûts. . . .	1.000	
— en surons.	900	
Sulfates.	1.000	
Sumac en feuilles, en balles.	400	
— en poudre, en balles.	800	
Tabac de Virginie, en boucauts. . . .	800	
— de Kentucky, en boucauts. . . .	700	
— de Maryland et Ohio.	500	
— du Brésil, en balles pressées. .	600	
— de Hongrie et du Levant, en balles	500	
— de l'Inde, en balles.	600	
— de Hollande Belgique et Palatinat en balles, pressées.. . . .	700	
— de la Havane de Haïti et autres provenances en balles non pressées	350	
— (Côtes de), en balles.	500	
— en poudre.	800	
— en carottes et figues.	900	
— de Chine.	»	Au cubage.
Tafia.	»	Voir Boissons.
Talc.	1.000	
Tamarins confits, en fûts.	1.000	
Tan ou écorce moulue, en sacs.	600	
— non moulue, en grenier ou paquets.	500	
Tapioca.	700	
Tartre.	1.000	
Térébenthine en pâte ou liquide. . . .	800	
Terre d'ombre, de Sienne, etc.	1.000	
— de pipe et à poterie.	1.000	
Thé.	400	Ce chiffre n'est qu'une moyenne approxima-

[tive. Le thé présente de grandes variations dans le poids
[et se tarife habituellement au cubage.

MARCHANDISES.	POIDS du tonneau de mer	OBSERVATIONS.
	KILOS,	
Thon mariné.	800	
Tissus.	,	Au cubage.
Toiles et toileries diverses.	»	Au cubage.
Tôle.	1.000	
Tourbes ou mottes à brûler.	»	Tarif condition[l]
Tournesol, en pains.	500	
Tourteaux de graines, en grenier.	1.000	
— — en fûts.	800	
Tripoli	1.000	
Truffes.	»	Au cubage.
Tubéreuses	500	
Tufeaux	1.000	
Tuiles	1.000	
Turbith	800	
Tuyaux de terre cuite.	•	Tarif condition[l]
Vanille	350	
Veau ciré, en caisses ou malles.	»	Au cubage.
Verdet ou vert-de-gris.	1.000	
Vermicelle, en caisses.	400	
— en corbeilles.	300	
Vermillon en poudre	1.000	
Vernis.	1.000	
Verre à vitres.	1.000	
— cassé ou groisil.	»	Voir Groisil.
Verrerie, en caisses ou harasses.	»	Au cubage.
Verroterie, en caisses ou harasses.	»	V[r] Grains de [verre.
Vesces, en grenier ou sacs.	1.000	
— en fûts	900	
Vétiver, en balles.	200	Ou au cubage.
Viande conservée ou marinée.	»	Voir Conserves
— fumée.	800	
— salée	»	V[r] Bœuf et Lard
Vif-argent	»	V[r] argent-vif.
Vin	»	Voir Boissons,
Voitures	»	Au cubage ou ta- [rif conditionnel
Zadorica	500	
Zinc	1.000	

IMP. A. CHIRON, NIORT, 68, AVENUE DE PARIS.

LIBRAIRIE L. ROBIN, A BORDEAUX
22, Rue Vital-Carles, 22

ASSURANCES MARITIMES (Instructions sur les) et les règlements d'avaries, à l'usage des capitaines de la marine marchande. Bordeaux, 1863, in-8 br.   2 fr.

CULTURE de la VIGNE dans les divers Vignobles (Gironde, Bourgogne, Champagne, Hermitage, Vignobles étrangers). — VINIFICATION et FABRICATION des Liqueurs, Vinaigres et Huiles, par Raimond Boireau. 4e édition Bordeaux, 1892, in-18 figures.   5 fr.

TRAITEMENT PRATIQUE des VINS, par Raimond Boireau, 4e édition, revue et corrigée Bordeaux, 1895, in-18 figures.   5 fr.

    Cet ouvrage contient le traitement spécial de chaque genre de vins. opérations, falsifications, analyses, degustation, vieillissement, manipulation des spiritueux, tableaux de mouillage, régie, etc., etc.

HISTOIRE de BORDEAUX pendant le règne de **Louis XVI**, par Henry Ribadieu, précédée d'une notice sur la statue de Louis XVI à Bordeaux, par Justin Dupuy, avec gravures. Bordeaux, 1853, in-8 br,   1 25

HISTOIRE du COMMERCE de BORDEAUX, depuis les temps les plus reculés jusqu'à nos jours, par Bachelier, avocat, 2e édition. Bordeaux, 1863, in-8 br. 4 fr.

HISTOIRE de la CONQUÊTE de la GUYENNE par les Français, de ses antécédents et de ses suites, par Henry Ribadieu. Bordeaux, 1866, in-8 broché.   4 fr.

HISTOIRE MARITIME DE BORDEAUX, aventures des Corsaires et des grands navigateurs bordelais, par Henry Ribadieu Bordeaux, 1854, in-8 br.   1 50

MARINE MARCHANDE. Décret disciplinaire et pénal du 24 mars 1852, expliqué et suivi d'un formulaire complet à l'usage des Tribunaux maritimes et commerciaux, des capitaines de navire et des officiers du bord, par L. Gardrat, avocat à la Cour de Bordeaux. Bordeaux, 1854, in-8 br.   3 50

PILOTAGE. — 4e Arrondissement Maritime. Sous arrondissement de Bordeaux Règlement du service de Pilotage, suivi du décret du 12 Décembre 1806. Bordeaux, 1861, in-8 br.   1 fr.

TARIFS DOUANIERS (Résumé des) des diverses nations, traduits d'après des documents originaux et coordonnés à l'usage du commerce français. Bordeaux, 1856, in-8 broché.   1 50